Os segredos da mente milionária: 50 cartas e livreto explicativo

EDITORA PENSAMENTO
São Paulo

Título original: *Secrets of the Millionaire Mind.*

Copyright © 2006 T. Harv Eker.

Ilustrado por Sarah Wilkins.

Design de Amy Rose Szalkiewicz.

Publicado originalmente em 2006 por Hay House, Inc. USA.

Os textos das cartas são baseados no livro *Os segredos da mente milionária* copyright © 2005 T. Harv Eker, publicado no Brasil pela Editora Sextante.

Parte do texto do livreto foi elaborada por Zilda Hutchinson Schild Silva.

Todos os direitos reservados. Nenhuma parte deste livro pode ser reproduzida ou usada de qualquer forma ou por qualquer meio, eletrônico ou mecânico, inclusive fotocópias, gravações ou sistema de armazenamento em banco de dados, sem permissão por escrito, exceto nos casos de trechos curtos citados em resenhas críticas ou artigos de revistas.

A Editora Pensamento-Cultrix Ltda. não se responsabiliza por eventuais mudanças ocorridas nos endereços convencionais ou eletrônicos citados neste livro.

O primeiro número à esquerda indica a edição, ou reedição, desta obra. A primeira dezena à direita indica o ano em que esta edição, ou reedição, foi publicada.

Edição	Ano
1-2-3-4-5-6-7-8-9-10-11	06-07-08-09-10-11-12-13

Direitos de tradução para o Brasil
adquiridos com exclusividade pela
EDITORA PENSAMENTO-CULTRIX LTDA.
Rua Dr. Mário Vicente, 368 – 04270-000 – São Paulo, SP
Fone: 6166-9000 – Fax: 6166-9008
E-mail: pensamento@cultrix.com.br
http://www.pensamento-cultrix.com.br
que se reserva a propriedade literária desta obra.

Impresso em nossas oficinas gráficas.

Sumário

Apresentação 5

Introdução 7

O caminho desde a pergunta até a disposição das cartas 11

Os sistemas de disposição das cartas: 14

    O jogo da decisão 14

    O jogo do ponto cego 16

    O jogo da crise 18

    O jogo do plano 20

    O jogo do caminho 22

    O jogo das três cartas 24

Acesso rápido para pessoas impacientes 25

Palavras finais 27

Apresentação

Caros amigos,

Todos nós temos uma impressão pessoal sobre o dinheiro gravada no subconsciente, e ela determina a nossa vida financeira. Você pode conhecer tudo sobre marketing, vendas, negociações, estoques, imóveis e o mundo das finanças, mas se a sua impressão não estiver programada para um alto nível de sucesso, você jamais enriquecerá — e se por acaso enriquecer, é muito provável que venha a perder tudo!

A boa nova é que agora você pode realmente reprogramar a sua impressão sobre finanças para gerar o sucesso automático e natural — e estas cartas irão ajudá-lo a fazer exatamente isso!

Lembre-se: se você pensar como as pessoas ricas, e fizer o que as pessoas ricas fazem, as chances são de que fique rico também!

Introdução

Usando os princípios que ele agora ensina, T. Harv Eker deixou de ser um pobretão e transformou-se num milionário em apenas dois anos e meio. Eker é presidente da Peak Potentials Training, uma das empresas de treinamento que mais crescem na América do Norte e autor do *best-seller* nº 1 do *New York Times*, *Os segredos da mente milionária*. Com seu estilo único, contundente e bem-humorado, Eker mantém a sua audiência encantada. As pessoas vêm de todas as partes do mundo para comparecer aos seminários dele, sempre lotados, nos quais os participantes muitas vezes passam de 2000 pessoas para um programa de final de semana. Até agora, os ensinamentos de Eker mudaram a vida de mais de meio milhão de pessoas.

Afinal, todos querem ser ricos neste mundo e não há nada de mal nisso. Convém não se esquecer de que os nossos valores e crenças podem determinar o nosso sucesso ou fracasso. Se no fundo do coração acreditarmos que o dinheiro é uma coisa ruim, um dos males do mundo, por certo nunca seremos ricos. Mas, se por outro lado nos concentrarmos nas coisas boas que podemos fazer com o dinheiro, principalmente no sentido de ajudar outras pessoas, é bem provável que seremos bem-sucedidos. Todos nós queremos ser felizes, mas a felicidade é uma mercadoria muito mais rara do que o dinheiro, embora este também possa ser uma das fontes da felicidade. Mas não fique esperando que os eventos o deixem feliz; ponha mãos à obra, administrando as emoções. Como se lê no Evangelho de São Tomé: "Se você puser para fora o que está dentro de você, aquilo que traz à tona irá salvá-lo. Se você não puser para fora o que está dentro de você, o que não vem à superfície irá destruí-lo". No caminho para a riqueza, quando você tropeçar, continue andando. Iniciar a jornada é a chave para o sucesso. A mudança da mentalidade pobre para a rica é lenta. A essência de qualquer mudança é o reconhecimento do momento presente! Esse momento presente é o único momento para tornar o caminho da prosperidade real. A coisa mais difícil é começar o caminho; quando você já estiver nele, as coisas começarão a acontecer! Como disse certo sábio hindu: "Se você tiver medo da água, não poderá atravessar o rio, mesmo num barco". O nosso desejo de um caminho seguro vai nos incentivar a buscar mais informações, que nos ajudarão a atingir o nosso objetivo!

A verdade é que a maioria das pessoas acredita em carência e muitas acham que nunca ficarão ricas. Até mesmo pensam que não merecem ser ricas. Os pais e educadores costumam imprimir falsos conceitos na mente infantil, como, por exemplo, "dinheiro não dá em árvore" ou "o dinheiro é a causa de todos os males". Isso torna muito difícil para as pessoas falarem sobre dinheiro. E, afinal, o dinheiro é somente um símbolo. O dinheiro não é a fonte do sofrimento, do crime ou do vício, a fonte é a pobreza. Se você for honesto, terá de admitir que isso é verdade. Todos desejamos aproveitar a abundância deste universo. As nossas atitudes comandam a nossa vida, e a nossa postura diante do dinheiro determina se vamos ter prosperidade ou carência. Focalize a prosperidade e a sua renda vai aumentar. Sempre manifestamos o que focalizamos; portanto, vamos louvar o dinheiro que possuímos agora e logo automaticamente teremos muito mais. A lei da mente milionária diz que o semelhante atrai o semelhante. Não tenha nunca sentimentos negativos no que diz respeito à sua situação financeira. Visualize a prosperidade, visualize a abundância diariamente e imagine o que vai fazer com o dinheiro. Vivemos num universo infinitamente abundante e há mais do que o suficiente para todo mundo. Sendo assim, podemos ter a certeza de que a nossa prosperidade não representa perda para ninguém.

Website: www.secretsofthemillionairemind.com

O caminho desde a pergunta até a disposição das cartas

Atualmente há centenas de diferentes jogos com baralho. Houve uma divulgação até então nunca alcançada, o que proporcionou a criação de novos jogos, como este que você tem em mãos, relacionado com o controle mental no intuito de ficar rico.

Quem não quer ter mais dinheiro nesta vida?

É possível fazer qualquer pergunta relacionada com as finanças às **Cartas da Mente Milionária**. Elas são muito úteis quando você quer tomar uma decisão, pois mostram os resultados que os nossos atos podem ter, sem tirar a nossa responsabilidade por eles. Podemos perguntar-lhes sobre o rumo dos acontecimentos e pedir sugestões.

É muito difícil explicar como funciona esse fenômeno de as cartas fazerem sentido. No entanto, o nosso inconsciente lida com o tempo/espaço de modo diferente da nossa consciência. Por isso ele enxerga além do presente. O inconsciente se expressa por imagens, ao passo que a mente consciente se expressa por palavras. Com as cartas podemos expressar o que existe no nosso inconsciente conforme a pergunta feita. Mas também existe uma qualidade do tempo e nós a expressamos, por exemplo, quando mencionamos o momento **certo** de tempo. No momento em que resolvemos fazer a pergunta às cartas, elas sabem nos dar a resposta correta.

Existe um significado secreto e objetivo e verdadeiro das cartas?

Existem apenas afirmações subjetivas, muito valiosas.

É preciso concentrar-se na pergunta enquanto as cartas são embaralhadas?

Não é necessário. De algum modo o inconsciente sabe o que se vai perguntar. Portanto, convém ter certeza do que você deseja saber para compreender a resposta. Sabe-se qual é o significado de cada carta usando-se a intuição.

É possível tirar as cartas duas vezes para a mesma pergunta, e nas duas vezes aparecer a mesma carta?

É possível, mas pouco provável, embora muitas vezes se tirem cartas semelhantes, de modo que a interpretação geral acaba sendo a mesma.

Por quanto tempo a resposta das cartas à nossa pergunta é válida?

Ela vale aproximadamente por três meses.

Podemos fazer perguntas relacionadas com coisas comuns da vida diária no que se refere às finanças?

É claro que sim, mas você não deve limitar-se apenas a essas perguntas. Convém ter uma visão mais ampla.

Com que mão as cartas devem ser tiradas?

O lado esquerdo do corpo é associado ao aspecto intuitivo. Esse conhecimento foi comprovado pelas pesquisas científicas sobre o cérebro. Tanto as pessoas destras como as canhotas devem usar a mão esquerda para tirar as cartas. As cartas se expressam por imagens que, por sua vez, constituem a linguagem da alma.

Como devemos fazer as perguntas?

Elas podem ser feitas em voz alta ou baixa de modo espontâneo. Pergunte o que deseja saber, ou então peça um conselho geral. Não misture vários assuntos na mesma pergunta. Além disso, convém tirar as cartas intuitivamente, sem olhar o nome delas para não se sugestionar.

Os sistemas de disposição das cartas

O jogo da decisão

Como o próprio nome diz, este jogo responde a uma pergunta decisiva. Por exemplo, o teor da pergunta deve ser: O que acontecerá se eu investir em determinada proposta? O que acontecerá se eu não investir?

As cartas não assumirão a nossa responsabilidade, mas esclarecerão o alcance dos assuntos relacionados com a pergunta.

O consulente deve escolher sete cartas rápida e intuitivamente, tirando-as sem olhar o nome, e elas devem ser dispostas do seguinte modo:

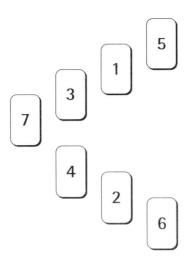

Interpretação

7 = Significador. Apresenta o segundo plano relativo à pergunta, ao problema, ou à posição do consulente diante da decisão.

3, 1, 5 = Essas cartas mostram o que acontece se ele fizer X.

4, 2, 6 = Essas cartas mostram em ordem cronológica o que acontece se não fizer X.

O jogo do ponto cego

Este jogo se baseia muito na experiência pessoal. Mostra como a visão que temos de nós mesmos difere do modo que os outros nos vêem. E é importante conhecer o pensamento dos outros no que se refere aos negócios.

Neste jogo não precisamos fazer perguntas específicas. Temos de escolher 4 cartas entre as abertas em leque na nossa frente, sem nos ater ao nome da carta, e colocá-las na seguinte disposição.

A carta 1 mostra a nossa identidade pessoal. O que todos sabem.

A carta 2 mostra o grande desconhecido. Nós mesmos e as outras pessoas não percebemos as forças impulsivas inconscientes que atuam em nós com muita eficiência. O que ninguém sabe.

A carta 3 é a sombra, o que está oculto. Relaciona-se com a autopercepção. É o que só o consulente sabe.

A carta 4 é o ponto cego. Os outros reconhecem comportamentos nossos que desconhecemos. Percepção alheia. O que só os outros sabem.

Exemplo prático de uma tiragem:

As cartas tiradas foram as seguintes:
 1 = Não dê ouvidos às pessoas falidas
 2 = Assuma responsabilidade
 3 = Use o pensamento poderoso
 4 = Administre bem o seu dinheiro

1 = É possível que você tenha dado ouvidos a maus conselhos e está agora nessa situação problemática, que todos percebem.

2 = A carta sugere que você assuma responsabilidade pela situação cuja origem talvez você desconheça: ninguém sabe ainda do que você será capaz também.

3 = A carta 3 diz para você usar o pensamento poderoso e tudo dará certo; o que ainda não foi feito, portanto, está na sombra.

4 = A carta 4 pede e sugere que você administre bem o seu dinheiro. É o ponto cego. Só os outros estão vendo o que você precisa fazer, embora você mesmo ainda não veja.

O jogo da crise

Este jogo serve para superar uma crise, principalmente financeira. As perguntas típicas são: Como posso superar esta crise? Qual é a saída? Me aconselhe algo que me tire desta situação.

Disponha as cartas da seguinte maneira:

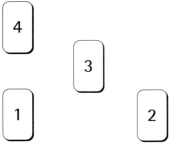

Interpretação

1 = Isso fracassou, isso se perdeu, essa é a crise
2 = Isso se preservou, isso representa a ajuda
3 = Essa é a saída
4 = O objetivo, jeito de escapar da crise

Exemplo prático:

Suponhamos que você tenha tirado as seguintes cartas:
1 = Procure ajuda ou crie uma equipe
2 = Entre no jogo do dinheiro para vencer
3 = Pense a longo prazo
4 = Concentre-se em aumentar o seu capital

Interpretação

1 = É provável que você não tenha procurado ajuda nem criado uma equipe, então essa é a crise.

2 = No caso, o fato de você fazer o jogo do dinheiro para vencer representou a ajuda.

3 = A saída, conforme indicação da carta, é pensar a longo prazo.

4 = O jeito de escapar da crise segundo a carta é você concentrar-se em aumentar o seu capital.

O jogo do plano

Este jogo dá sugestão para se alcançar algum objetivo. As perguntas clássicas são: Como fazer para alcançar a meta? Como conseguir uma promoção, mais dinheiro, um novo emprego?

São tiradas 5 cartas de um monte colocado à nossa frente e elas devem ser dispostas da seguinte maneira:

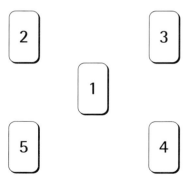

Significado das posições:

   1 = Significador. Uma indicação ou afirmação relativa a um projeto.
   2 = A força inconsciente que impulsiona o consulente.
   3 = Argumentos e reforços positivos
   4 = Desse jeito nenhum sucesso
   5 = Desse jeito sucesso absoluto

Exemplo de uma tiragem com este jogo:

Você tirou as seguintes cartas:
   1 = Abra o seu próprio negócio
   2 = Use o pensamento poderoso
   3 = Comprometa-se a ser rico
   4 = Não dê ouvidos às pessoas falidas
   5 = Administre bem o seu dinheiro

Interpretação

A indicação sobre um projeto aconselha você a abrir o seu próprio negócio. A força inconsciente que impulsiona você é usar o pensamento poderoso. Os argumentos e reforços positivos, segundo a carta, são você se comprometer a ser rico. Você não terá nenhum sucesso se der ouvidos às pessoas falidas; e se administrar bem o seu dinheiro, você terá sucesso absoluto.

O jogo do caminho

Este jogo se relaciona com comportamentos.

Usam-se 7 cartas e pergunta-se em geral: Como devo proceder neste negócio? Como faço para alcançar A, B ou C? Como lidar com a saúde financeira e outros assuntos?

O jogo mostra:
a) A questão
b) Como o consulente se comportou até o momento
c) Como deve se comportar no futuro

Eis como as cartas devem ser dispostas:

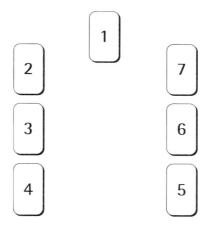

1 = A questão

2 = Postura consciente e comportamento racional

3 = Postura inconsciente e comportamento emocional

4 = Postura exterior. A fachada do consulente

7 = Postura consciente. Sugestão para um comportamento racional

6 = Postura inconsciente. Sugestão para o comportamento emocional

5 = Postura exterior. Modo como o consulente deve se apresentar

O jogo
das três cartas

Para definir uma questão iniciada no passado, que se arrasta para o presente e que será definida no futuro.

Usam-se 3 cartas dispostas da seguinte maneira:

A carta 1 se refere ao passado, a carta 2 mostra a questão no presente e a carta 3 define a questão no futuro próximo.

Um exemplo prático com esta disposição:

Suponha que você tirou as seguintes cartas:
- 1 = Seja o melhor no que você fizer
- 2 = Aumente a sua energia
- 3 = Adquira bens de valor

Se as coisas não estão dando certo é provável que tenha faltado empenho no seu trabalho. A segunda carta está clara ao dizer que é preciso aumentar a sua energia; pode ser também o seu empenho, não é mesmo? A terceira dá uma sugestão, um conselho: investir no que vale a pena.

Acesso rápido para pessoas impacientes

Se você é impaciente demais para fazer um dos jogos mencionados aqui e quer resultados na hora, experimente o seguinte: Simplesmente embaralhe rapidamente as cartas e escolha uma intuitivamente.

Se a resposta não for satisfatória, então perca um pouco mais de tempo e escolha um dos outros sistemas apresentados aqui.

Por exemplo: Você pergunta se vai ou não *abrir uma firma*.

Você puxa do monte a carta *Assuma responsabilidade*. A indicação é clara: se você fizer isso, a resposta é afirmativa, a carta está dizendo que sim, mas lhe dá uma condição: seja responsável.

Palavras finais

Nas questões relativas a dinheiro, prosperidade e sucesso, o verdadeiro discernimento baseado no coração é muito diferente do julgamento racional (mente milionária). A mente milionária é racionalizada como uma virtude. A cabeça deve ficar firme mas o coração permite um novo entendimento sem fechar-se às informações. Em vez de buscar defeitos na situação, você age com amor e, como o seu espírito se aprimora, você pode concentrar-se nas coisas positivas do problema e resolver o negócio com mais tranqüilidade.

Uma mente ativa com uma orientação do coração fornece a base para decisões sábias quanto ao que gostamos ou não, quanto ao que queremos ou não para a nossa vida.

Outra coisa a ser levada em conta nos negócios é a superpreocupação que dá origem a estados emocionais desagradáveis. O medo e a insegurança que se acumulam acabam por prejudicar o andamento do processo de enriquecimento, por exemplo. Antes de você se dar conta, o medo de tudo dirige o show. Lembre-se de combatê-lo mantendo a mente concentrada no sucesso, uma mente que o transformará num novo milionário. Basta acreditar em você mesmo e dar um grande passo à frente. E, à medida que continuar progredindo, chegará ao âmago do que provoca o seu stress, que então pode ser eliminado com facilidade. E daí em diante você se tornará uma pessoa bem-sucedida.

DESENVOLVIMENTO PESSOAL / SUCESSO

De acordo com T. Harv Eker, todos nós temos uma impressão pessoal sobre o dinheiro gravada no subconsciente, e ela determina a nossa vida financeira. Se a sua impressão não estiver programada para um alto nível de sucesso, você jamais enriquecerá – e se por acaso enriquecer, é muito provável que venha a perder tudo!

A boa nova é que você pode realmente reprogramar a sua impressão sobre finanças para gerar o sucesso automático e natural – e estas cartas, baseadas no livro do mesmo autor, o *best-seller* internacional *Os segredos da mente milionária*, irão ajudá-lo a fazer exatamente isso!

Lembre-se: se você pensar como as pessoas ricas, e fizer o que as pessoas ricas fazem, as chances são de que fique rico também!

EDITORA PENSAMENTO

ISBN 85-315-1466-5

Palavras finais

Nas questões relativas a dinheiro, prosperidade e sucesso, o verdadeiro discernimento baseado no coração é muito diferente do julgamento racional (mente milionária). A mente milionária é racionalizada como uma virtude. A cabeça deve ficar firme mas o coração permite um novo entendimento sem fechar-se às informações. Em vez de buscar defeitos na situação, você age com amor e, como o seu espírito se aprimora, você pode concentrar-se nas coisas positivas do problema e resolver o negócio com mais tranqüilidade.

Uma mente ativa com uma orientação do coração fornece a base para decisões sábias quanto ao que gostamos ou não, quanto ao que queremos ou não para a nossa vida.

Outra coisa a ser levada em conta nos negócios é a superpreocupação que dá origem a estados emocionais desagradáveis. O medo e a insegurança que se acumulam acabam por prejudicar o andamento do processo de enriquecimento, por exemplo. Antes de você se dar conta, o medo de tudo dirige o show. Lembre-se de combatê-lo mantendo a mente concentrada no sucesso, uma mente que o transformará num novo milionário. Basta acreditar em você mesmo e dar um grande passo à frente. E, à medida que continuar progredindo, chegará ao âmago do que provoca o seu stress, que então pode ser eliminado com facilidade. E daí em diante você se tornará uma pessoa bem-sucedida.